AF232345

MESSE SOLENNELLE

Célébrée le 14 février 1889
Pour les Soldats morts au service de la France

ALLOCUTION

DE

S. G. M⁰ˢ L'ARCHEVÊQUE

ROUEN

IMPRIMERIE ESPÉRANCE CAGNIARD

1889

ALLOCUTION

De S. G. Mgr l'Archevêque

MESSE SOLENNELLE

Célébrée le 14 février 1889

Pour les Soldats morts au service de la France

ALLOCUTION

DE

S. G. Mgr L'ARCHEVÊQUE

ROUEN

IMPRIMERIE ESPÉRANCE CAGNIARD

88, rue Jeanne-Darc, 88

1889

La Cérémonie du 14 Février

ES grandes et saintes pensées sont tou-
jours comprises parmi nous, et les mani-
festations où la foi et le patriotisme sont
étroitement unis, émeuvent profondément les populations. Le temps et les
révolutions qui bouleversent tout n'ont
pu atteindre le cœur de la France, demeuré fidèle aux
nobles amours. La cérémonie du 14 février, qui a rempli
notre Primatiale d'une foule immense où tous les rangs et
toutes les opinions étaient confondus dans les mêmes sentiments, en a été une preuve nouvelle. Il s'agissait de prier
pour nos soldats morts au service de la patrie depuis 1870 :
toute la ville avait répondu à l'appel du comité de la
Croix rouge, qui avait voulu marquer sa réorganisation à
Rouen par l'accomplissement de ce devoir sacré.

La Primatiale avait reçu une décoration funèbre en
harmonie avec la solennité. Elle était tendue dans toute sa

longueur de draperies noires frangées d'hermine et relevées par des croix de la Légion d'honneur. Un grand catafalque était dressé au haut de la nef principale, entouré de deux cents cierges, flanqué, aux angles du soubassement, de faisceaux de fusils et portant aux angles de l'étage supérieur des trophées de drapeaux tricolores. Un drapeau recouvrait des couleurs nationales le drap mortuaire de la représentation, et sur la face une grande couronne de feuilles de laurier encadrait une croix de la Légion d'honneur. Autour des quatre gros piliers, des trophées de drapeaux surmontaient l'écusson de la ville de Rouen.

La grande nef avait été réservée à l'armée et aux députations. A droite, au premier rang, ont pris place : M. le général Pesme, commandant la division ; M. le général Lebrun, commandant la brigade ; M. de Geoffre, intendant militaire, et M. le colonel Aubry, chef d'état-major du 3ᵉ corps d'armée. A leur suite étaient rangés les officiers de l'état-major général, les officiers du 12ᵉ chasseurs, les officiers du 39ᵉ de ligne et du 74ᵉ de ligne, les officiers de la réserve et de l'armée territoriale. A gauche, MM. les Adjoints au maire de Rouen, M. le docteur de Welling, président, et les membres du comité de la Croix rouge ; M. le Capitaine et MM. les Officiers de la Compagnie des sapeurs-pompiers, le président et les membres du bureau de la Ligue patriotique rouennaise, les députations de la Société des Sauveteurs médaillés de l'État et des Sauveteurs-Hospitaliers-Bretons, les députations des diverses autres Sociétés. Les dames de la Croix rouge occupaient des places réservées dans la seconde moitié de la nef. Autour du catafalque, on avait rangé des députations des élèves de nos établissements d'instruction chrétienne : la jeune génération qui verra les jours glorieux et saura les préparer.

A dix heures, les cloches annoncent le commencement du service religieux, et le cortège archiépiscopal fait son entrée dans la Primatiale aux accents d'une marche funèbre jouée par le grand orgue. On remarque le T. R. P. d om Antoine Gaillard, abbé de la Trappe de Notre-Dame de Chambarand, avec son air doux et vénérable et son costume blanc. Le Prélat officiant est Mgr l'Archevêque de Montréal. Mgr Fabre n'est pas un inconnu dans notre ville, où il a fait plusieurs séjours. Il unit à une bonté toute cordiale et toute franche la plus aimable dignité ; il aime la France où il a fait ses études ecclésiastiques, et il lui conserve les plus tendres souvenirs. Sa vie s'est passée à Montréal, où il a été successivement prédicateur, chanoine théologal, évêque, puis archevêque, et où ses œuvres et ses bienfaits sont bénis de tous.

Le frère de ce Prélat, M. Fabre, commissaire général du Canada à Paris, est aussi présent à la cérémonie, et occupe près du chœur une place distinguée. M. Fabre est une des notabilités du Canada. Écrivain, orateur, homme d'État, il jouit dans le corps diplomatique de la plus haute considération, et il représente dignement parmi nous son cher et noble pays. Il a donné à Rouen, lors des fêtes de Cavelier de la Salle, sa mesure comme orateur. Son discours, d'une élévation de pensées et d'une forme magistrales, est encore présent à notre souvenir.

S. G. Mgr l'Archevêque de Rouen prend place au trône pontifical et l'office commence.

La Messe de *Requiem* est chantée en plain-chant par la Maîtrise avec une accentuation et une expression parfaites. A l'Offertoire, on a exécuté le *Lacrymosa dies illa* de Mozart, et, à l'Élévation, le *Pie Jesu* de *Mors et Vita* de Gounod.

Pendant ces chants si émouvants, tous les cœurs revivaient les jours terribles et les angoisses inénarrables de la guerre de 1870. On revoyait l'innombrable légion des morts, de nos chers morts, tombés sur vingt champs de bataille, sans espérance de vaincre, mais avec la volonté de défendre, jusqu'à la dernière goutte de leur sang, le sol de la patrie. Jeunes et nobles victimes ! héros du devoir et de l'honneur ! non, nous ne vous avons pas oubliés, et nos prières fidèles vous accompagnent encore aux pieds du Dieu juste et bon. Il y avait, dans l'immense assemblée, des pères, des mères, des sœurs qui pleuraient des pertes plus récentes : les quatre-vingt-dix-sept enfants de Rouen immolés dans la guerre du Tonkin ; aussi, bien des yeux étaient mouillés de larmes, et c'est au milieu de l'émotion universelle que la liturgie déroulait ses chants sacrés. Quand, après la Messe, le chœur a interprété le *Rex tre-*

mendæ majestatis, de *Mors et Vita* de Gounod, cette invocation si suppliante, si pénétrante : *Salva me, fons pietatis*, sauvez-moi, source de bonté ! trouvait un écho puissant dans tous les cœurs.

Nous nous rappelions, en face de ces morts fauchés par milliers, dans ces sombres batailles de l'année terrible, les douces assurances de nos saintes lettres. Notre Sauveur est venu en ce monde pour sauver tout ce qui avait péri. C'est par son sang qu'il est notre Sauveur. S'il est le Sauveur, dit Bossuet, nous sommes les sauvés. Nos péchés nous sont un trop juste sujet de crainte ; mais la bonté infinie de notre Rédempteur légitime nos espérances, car là où abonde le crime, surabonde la grâce. Sauvez-les, sauvez-les, source de bonté ! car ils ont expié dans leur sang répandu les fautes de leur jeunesse, et ils se sont souvenus de vous en vous rendant leur âme. Mais toutes ces pensées, toutes nos émotions devaient trouver une grande voix pour s'exprimer dignement.

Monseigneur l'Archevêque de Rouen monte en chaire, et prononce d'une voix vibrante et avec la plus haute éloquence le discours qu'on va lire :

ALLOCUTION

DE S. G. MONSEIGNEUR L'ARCHEVÊQUE

MONSEIGNEUR,

MON TRÈS RÉVÉREND PÈRE,

A Société française de secours aux blessés militaires
a été bien inspirée en re-
prenant ses travaux et en
les inaugurant par cette
solennité religieuse et patriotique. S'il est
sage, en effet, de prévoir les grandes luttes

que nous réserve l'avenir, et de préparer à
leurs victimes des secours intelligents et
dévoués, il est digne de notre cœur, de nous
souvenir de nos soldats morts pour la patrie
et de leur assurer, autant qu'il est en nous,
par nos hommages et nos prières, un nom
immortel dans la mémoire des hommes et
dans la mémoire de Dieu.

La France aime son armée ; elle en est
fière. C'est le vivant souvenir de ses gloires,
la plus brillante expression de son caractère
et de son génie, la sauvegarde de son indépendance, l'espoir des suprêmes réparations.
Aussi, quelles que soient nos divisions et
nos luttes d'opinions ou d'intérêts, pour
rapprocher les esprits et les cœurs, il suffit
de jeter un mot, un seul mot : l'armée ! et
les discussions s'apaisent, les partis s'ef-
facent, les nuances elles-mêmes s'éva-

nouissent; l'accord se fait au sein de la nation, comme aux meilleurs temps de son histoire.

Aujourd'hui, mes frères, c'est dans le deuil et la prière que nous sommes réunis. Et quel beau spectacle que cette immense assemblée! Profondément ému, je vous félicite de votre religieux empressement, et je bénis de tout cœur l'armée si dignement représentée dans cette enceinte. Par sa présence, elle témoigne, une fois de plus, qu'entre elle et la religion, entre l'épée du soldat et la croix du prêtre ou de l'évêque, il y a une harmonie que rien ne brisera jamais. Des deux côtés se trouvent l'obéissance, la discipline, un vif et délicat sentiment de l'honneur, le courage, l'esprit de sacrifice, c'est-à-dire tout ce qu'il y a, dans l'âme humaine, de plus élevé, de plus divin. Après le dévouement du prêtre, toujours prêt à livrer sa vie pour les âmes et pour Dieu, après l'héroïsme du martyr qui s'immole pour la justice et la vérité et qui emporte le ciel d'assaut, je ne connais rien de plus grand, rien de plus beau, que l'abnégation du soldat mourant pour son pays.

Honneur donc à ce jeune homme qui, au premier signal, abandonne le foyer et les douceurs de la famille, le champ qu'il cultivait avec amour, le clocher de son village, les tombeaux de ses aïeux, peut-être une mère infirme, peut-être le berceau d'un enfant. Après avoir tout quitté, il a pris rang à côté de ses frères d'armes, pour obéir, pour se dévouer jusqu'au sacrifice de sa vie. Cependant, la vie est un bien ;

et il n'en a goûté que les premières joies, et il salue l'avenir d'un regard rayonnant d'espérance. Mais la patrie est un bien supérieur, pour lequel chacun est tenu de travailler, de souffrir, et, au besoin, de mourir. Voilà, par excellence, le rôle du soldat. Que l'heure du combat vienne à sonner, que le clairon se fasse entendre, que le canon gronde, voyez comme il a vite surmonté, par l'énergie de son âme, cette peur instinctive du corps, à laquelle les plus braves n'échappent pas toujours; voyez comme il s'avance, fier et intrépide. Tout contribue d'ailleurs à exciter son ardeur et à l'entraîner aux grandes choses : le bruit et les mouvements de l'action, l'exemple des compagnons et des chefs, surtout, le drapeau qui représente à ses yeux la majesté de la patrie. Ce n'est peut-être qu'un lambeau tout couvert de poussière et troué par les balles. N'importe! c'est le signe de l'honneur, le symbole du devoir; et le devoir du soldat, c'est de mourir simplement, héroïquement; son métier à lui, comme disait Lacordaire, c'est le métier de la mort volontairement acceptée, et généreusement offerte à la patrie.

Eh bien! ils sont là-bas cent mille épars sur nos frontières ou sur le sol de l'étranger, et, à l'intérieur, cent mille sur les champs de bataille de l'année terrible, défenseurs de la juste cause de leur pays, héros de son indépendance, victimes du devoir; et j'entends comme une grande voix qui s'élève de leurs tombes et qui nous crie : « Vous savez quels combats nous avons soutenus et à quelles extrémités nous avons été réduits. » *Vos scitis quanta fecimus.... et angustias quales vidimus* (1).

A cet appel, nos larmes ont répondu ; car nous sommes de ceux dont le patriotisme est inconsolable ; et il nous souvient qu'à l'époque où l'armée entrait dans nos églises, enseignes déployées, c'est devant ses bataillons rangés autour de l'autel, devant ses vaillants chefs, devant ses étendards voilés de deuil, mais toujours rayonnants d'espérance et d'honneur, que nous avons plus d'une fois rendu justice à ces glorieux vaincus. Jetés par une guerre imprudente, mal préparée, en face d'une invasion de deux millions d'hommes, nos soldats n'ont pas pu vaincre, mais ils ont su mourir. Nos vieux régiments, et, à leur exemple, les jeunes recrues, se sont fait décimer,

(1) I. *Macch.*, XIII, 3.

broyer, massacrer, brûlant jusqu'à leur dernière cartouche, répandant jusqu'à la dernière goutte de leur sang, et méritant ce cri d'admiration échappé au plus implacable des vainqueurs : « Ah! les braves gens! »

Dans ses épreuves, notre armée a trouvé de salutaires leçons; et depuis dix-huit ans, toutes les fois que le pays a réclamé son dévouement, elle a montré au monde qu'elle n'avait rien perdu de son antique vaillance. Je n'ai pas à me prononcer ici sur ce qu'on appelle la politique coloniale; mais je déclare hautement que la France a le droit d'être fière de l'héroïsme de ses soldats : au Sénégal, en Tunisie, à Madagascar, et particulièrement au Tonkin. Il y a eu des heures de gloire, quand l'amiral Courbet forçait la victoire à illuminer notre drapeau de ses rayons. Il y a eu aussi des heures d'indicibles souffrances, parce que nos troupes ont eu à lutter, en même temps, contre un climat meurtrier, des maladies contagieuses et des hordes barbares sans cesse renouvelées.

Or, mes frères, n'oublions pas que, dans cette guerre, quatre-vingt-dix-sept enfants de Rouen ont succombé. Hélas! ils étaient jeunes; ils faisaient des rêves de bonheur et peut-être de gloire. Leur cœur tenait au sol natal par tant d'affections, par des fibres si délicates, si sensibles! Et ils sont morts, avec la désolante pensée que leurs cendres ne reposeraient pas près des cendres de leurs pères; ils sont morts, le plus grand nombre, sans une Sœur de charité pour recueillir, avec leur dernier soupir, leur dernier adieu à la famille absente, sans un prêtre pour leur parler du ciel et enchanter leur agonie.

Que de raisons pour nous de porter à l'autel le souci de leurs âmes et de leur immortelle destinée! Ah! sans doute, dans le sang versé par un grand amour, au service d'une grande cause, il y a une puissance illimitée d'expiation; sans doute, la divine miséricorde abonde sur les champs de bataille : car, tandis qu'ailleurs la souffrance et la mort sont ordinairement une nécessité par laquelle l'homme est vaincu, ici, sur ce coin de terre remué, bouleversé, jonché de débris, où se joue le drame du combat, l'homme souffre et meurt d'une manière spéciale, admirable. C'est librement, par une généreuse oblation de lui-même, et avec une volonté ardente, que le soldat s'immole à sa patrie. J'aime aussi à penser qu'à une heure si décisive, le souvenir de sa mère et la pensée de Dieu traversent son esprit, réveillent sa conscience, font jaillir de son cœur un cri de foi, d'espérance, d'amour, et que sa vie s'exhale sous les bénédictions du ciel. Mais les secrets de l'éternelle miséricorde, comme de l'éternelle justice, sont impénétrables à notre raison et à notre foi ; et d'ailleurs, nos soldats, n'eussent-ils plus besoin de notre intercession, c'est un devoir pour nous de la leur accorder solennelle et publique, afin d'égaler notre reconnaissance à leur dévouement, nos hommages à leurs héroïques sacrifices.

Je vous remercie, Monseigneur, de vous être associé à ce grand acte de religion et de patriotisme. Il vous a été doux, je le sais, de prier pour les enfants de la France ;

car, dans votre noble pays, terre de loyauté, de foi et d'honneur, la France est aimée comme une mère. Assurément, partout où elle a passé, les empreintes de ses bienfaits et des charmes de son génie ont été si profondes, que ni les siècles, ni les révolutions, n'ont pu les effacer; mais, au Canada, elle est toujours présente, toujours vivante. C'est notre langue que vous parlez, c'est notre sang qui coule dans vos veines. Vous aimez tout ce que nous aimons, vous pleurez tout ce que nous pleurons, et, comme nous, vous avez foi dans l'avenir de notre pays.

Tels sont aussi vos sentiments, mon très révérend Père, je l'atteste au nom de notre vieille amitié de presque un demi siècle; mais que votre modestie se rassure, je me bornerai à rappeler ce mot de Bossuet sur un prêtre de son temps : « Nulle âme n'était plus française que la sienne, il était Français jusqu'au fond des entrailles. »

Je m'inspire, mes frères, de ces deux grands cœurs, et des vives émotions qui vous ont fait tressaillir, pour couronner cette solennité, en affirmant mes douces et invincibles espérances.

La très noble nation des Francs, comme l'appelle Léon XIII, est née sur un champ de bataille, d'une prière, d'une victoire; et dans tout le cours de son existence, elle a été le soldat de Dieu, l'avant-garde de l'Église, la reine de la civilisation. Quel autre peuple a plus généreusement combattu et souffert pour les causes justes et saintes? Et quand la France ne donne pas le sang de ses soldats, de ses missionnaires, de ses héros, de ses martyrs, c'est le besoin de

son cœur de donner au moins, et sans
compter, les trésors de sa charité et ceux
de son génie.

Ainsi s'explique la protection particulière
dont le ciel couvre notre patrie. C'est au
moment où tout semble désespéré que la
Providence intervient dans nos affaires pour
tout sauver. Après des calamités inouïes et
les chutes les plus profondes, de mer-
veilleuses résurrections; après d'effroyables
tempêtes, on voit le beau navire qui porte
nos destinées se relever sur la même vague
qui menaçait de l'engloutir, et continuer
heureusement sa course. Donc, mes frères,
courage et confiance! Malgré ses malheurs
et malgré ses fautes, la France n'est pas
déshéritée de sa mission quatorze fois
séculaire. Le soldat de Dieu a été blessé;
mais il est debout; et je ne sache pas

qu'aucune nation soit digne de le remplacer, au service du Christ et de l'Église.

L'émotion profonde produite dans l'immense assemblée par ce discours a été telle, que la sainteté du lieu a empêché seule l'explosion des sentiments unanimes de l'auditoire. Les larmes qui ont mouillé les yeux d'un grand nombre d'assistants ont été le commentaire émouvant de ces grandes et tendres paroles.

L'absoute solennelle a suivi le discours. Elle a été donnée par Monseigneur l'Archevêque de Rouen en présence de cette immense assemblée saluant une dernière fois avec lui les vaillants et les preux morts pour la patrie, et leur envoyant de la terre l'hommage de leurs prières, de leur reconnaissance et de leur souvenir impérissable.

La foule s'est écoulée vivement émue, et a versé dans les bourses, tenues par Mme Chastellain et Mme la baronne de Rothiacob, 2,167 fr. pour la Société française de la Croix rouge, que nous aimons à recommander une fois encore, en terminant, à la sympathie de tous les gens de cœur.

Monseigneur l'Archevêque a nommé chanoine d'honneur de la Primatiale S. G. Monseigneur l'archevêque de Montréal.

Cette marque de haute sympathie est un nouveau lien

qui rattache au diocèse de Rouen notre cher Canada, et continue dignement les belles traditions de notre passé religieux. On sait en effet qu'au xviie siècle le seul évéché canadien, Québec, était suffragant de l'Archevêché de Rouen. Les rapports entre les deux pays ont été, depuis l'ère des grands découvreurs, intimes et constants. Monseigneur l'Archevêque de Rouen a été inspiré par son cœur et par les souvenirs du passé en offrant à Monseigneur Fabre, dans notre Primatiale, une place d'honneur que nous espérons lui voir occuper bien des fois encore, lorsque la Providence le ramènera dans cette France qu'il aime comme une seconde patrie.

9 7 8 2 0 1 2 8 3 7 1 1 9